그리운 외뿔

그리운 외뿔

이상옥 시집

문학세계사

□ 시인의 말

2004년부터 디카시詩를 주창하며 자연이나 사물 속에 이미 존재하는 완벽한 시적 형상(날시)을 디지털 카메라로 포착하는 데 관심을 가지면서 시론화 작업도 병행했다.

그래서인지 디카시가 아닌, 일반 문자시 쓰기도 사람이나 사물, 혹은 에피소드 속에 언뜻 드러나는 시적 형상을 문자로 고스란히 옮기는 것으로 대신하고 싶은 마음이 생겼다. 나는 진정한 의미의 견자로서 에이전트가 되고 싶었던 것이다.

그러나 시인으로서 에이전트로만 만족할 수 없었는지, 텍스트에 불쑥불쑥 내가 드러나기도 한다. 이번에 묶은 시는 시집『환승역에서』이후 약 6년간 쓴 것이지만「'동그라미 베이커리' 광고」와「진도아리랑 투로」는 구작(이전 시집 미수록)인 것 같다.

문학세계사에서 시집을 낼 수 있어 기쁘다. 경희대 김종회, 박주택 두 분 교수께서 많은 도움을 주셨다. 그리고 해설을 흔쾌히 맡아주신 홍용희 교수께도 고마운 마음을 전한다.

2011년 여름

이 상 옥

□ 차례

제1부 네팔 코뿔소

제2부 그리운 외뿔

3부 세속의 거리에서

4부 마지막 통화

제1부

네팔 코뿔소

초보 심마니

신이 꼭 필요한 사람에게 보내는 선물을 배달하는 택
배꾼,
심마니는 심부름 값만 받고 만족해야지 과도한 욕심을
부리면 안 된다
는 고수의 말씀

이 귀에 징하다

미켈란젤로

당신은 어떻게 피에타 상이나 다비드 상 같은 훌륭한 조각상을 만들 수 있었습니까 당신은 정말 위대한 예술가예요

아니에요 신이 꼭 필요한 사람에게 보내는 선물을 배달하는 심마니와 다를 바 없어요 숨어 있는 산삼을 찾아서 잔뿌리 하나도 다치지 않게 정성껏 파내듯이, 대리석 속에 숨어 있는 조각상을 정이나 쇠망치로 손상 없이 꺼내주었을 뿐이에요

나도 택배꾼일 뿐이에요

성녀 마더 데레사

만일 성인이 된다면 분명, '어둠'의 성인일 것이라고, 가진 것이라고는 어둠, 외로움과 고통, 신앙과 사랑, 믿음을 잃은 상실감과 공허밖에 없다고, 아무것도, 하느님이 존재하신다는 깨달음조차도 가지지 못한 기쁨만을 누리고 있다고, 하느님을 간절히 바라는 끝없는 고통만 있을 뿐 기도도 사랑도 신앙도 아무것도 없다고, 사람들은 그의 강한 신앙을 보면서 하느님께 더 가까이 이끌린다고, 사람들을 속이는 것은 아닐까, 매번 "제게는 믿음이 없습니다"라고 진실을 말하고 싶지만 말하지 않는 그, 여전히 하느님과 모든 사람들에게 미소를 짓는 그, 사랑 안에 있으면서도 사랑하지 않고, 신앙에 의해 살면서도 믿지 않는 것, 자신을 소비하면서도 완전한 어둠 속에 있는 것,

그를 밑줄 치며 읽는 나.

인종실록을 읽다가 하늘을 바라보다

성품이 조용하고 효심이 깊으며 형제간의 우애가 돈독했다 삼 세 때부터 글을 읽으며 여덟 살의 나이로 성균관에 들어가 매일 세 차례씩 글을 읽었다 도학사상에 깊이 매료되어 철저한 금욕생활을 추구하여 동궁에 머물 당시에는 옷을 화려하게 입은 궁녀를 모두 내쫓았다

생모 장경왕후가 인종을 낳고 칠 일만에 죽어 계비 문정왕후의 손에서 자랐다 문정왕후는 표독하고 사악했다. 문정왕후는 아들 명종이 왕위에 오르도록 하기 위해 몇 번이나 인종을 죽이려고 했다 인종이 세자로 있을 때다 인종이 잠들어 있는데 주위에서 뜨거운 열기가 번져 일어나보니 동궁이 불에 타고 있었다 인종은 당황하지 않고 빈궁을 깨워 먼저 나가라고 하고 자신은 조용히 앉아 타 죽겠다고 했다 불을 지른 이가 누구인지 알기에 자신을 죽이려고 하는 이의 뜻대로 죽어주는 것이 효를 행하는 것이라고 생각했다 인종은 조용히 불에 타 죽을 작정이었다 그러나 중종이 애타게 부르는 소리를 듣고 죽는 것은 문정왕후에게 효행이나 부왕에겐 불효이자 불충이

라고 말하면서 불길을 헤쳐 나왔다

문정왕후의 뜻대로 하늘은 재위에 오른 지 구 개월 만에 인종을 부르셨다

간디

막 출발하려는 기차에 간디가 올라타다가 그만 신발 한 짝이 벗겨져 플랫폼 바닥에 떨어져버렸다 기차가 움직이고 있었기 때문에 간디는 그 신발을 주울 수가 없었다 간디는 얼른 나머지 신발 한 짝을 벗어 그 옆에 떨어뜨려 놓았다 사람들이 의아해하자 간디는 미소를 지으며 말했다

"어떤 가난한 사람이 바닥에 떨어진 신발 한 짝을 주웠다고 상상해 보십시오"

펄 벅

갑자기 펄 벅 여사가 이규태 기자의 무릎을 내리치며
"저거 보라" 며 소리쳤다

볏단 실은 소달구지 고삐를 잡고
농부도 볏단을 지고 가는 60년대 풍경

"미국 같으면 저렇게 하지 않을 거야 지게의 짐도 달구지에 싣고 농부도 올라탔을 거야."

사람

새 천년의 첫 고난주간에 부름을 받은 그가 남긴 유품은 휠체어와 지팡이, 서너 벌의 양복이 전부였다

생전에 그는 가장 좋은 옷을 입고 가장 좋은 자동차를 탈 수 있었지만 소매 끝이 닳아빠진 옷을 입고 버스를 타며 산꼭대기 국민주택에 머무르기를 자처했다 그러나 생의 끝자락에는 겉사람이 날로 허물어지니 평생을 섬기던 그분마저 알아보지 못하고 문안 온 후배에게 물었다

그분이 누구야

나팔꽃

말씀이 꼬불꼬불한 길로 이어져 수림으로 둘러싸인 정신지체인 생활시설 예수의 작은 마을은 고향집 인근이다

고향집 가는 초등학교 앞길이 도로 보수공사로 분주하다
차선 한 쪽이 통제되었다
손수 운전하며 장애우와 함께 예수의 작은 마을로 향하는 수녀님에게 잠시 길을 양보하다
눈인사를 하신다

금방 눈빛 한 구절로 세상의 아침이 환하다

성소聖所

대로변 인도
퍼질고 앉은 사내 서넛
거친 막일을 하고
잠시 달콤한 시간

담배를 물고
담소를 나누는
막걸리 몇 병
김치 몇 가닥

구릿빛 얼굴
움푹 패고
한줄기 땀방울도
조르르

가로수 아파리들
애써
그들 머리 위로 모여든다

지나가는 사람
누구도 힐긋거리지 못한다

보석

늦은 오후
우리 대학 청소부 아주머니들이 풀을 뽑고 계신다
인사를 하니
나를 아는 한 아주머니께서 돌아보며
웃음으로 답하신다
그 웃음의 중심에 선한 눈빛이 계시다
죄 없이 맑고 아름다운 눈
모나리자의 눈빛도 부끄럽지 않을
그런 눈은 성형으로도
눈 화장술로도 빚어내지 못한다
낮은 머리 숙임과
헌신과
성실, 봉사가 어우러지지 않으면,
그것도 아이 둘 정도는 출산하고
나이 오십 정도는 되어야
확보할 수 있는
저 하늘 어머니 눈빛 같은

네팔 코뿔소

네팔 숲 속에 살고 있는 코뿔소가 가장 좋아하는 것은
다른 동물은 거들떠보지도 않는 트레비아 열매
숲 속 코뿔소는 트레비아 열매를 발견하기만 하면
먹을 수 있는 만큼 포식한 뒤 그 자리를 떠난다
익을 대로 익어 땅에 떨어지기가 무섭게
코뿔소의 밥이 되어 버리는 트레비아 열매
생명의 신비는 정작 그 순간부터 움튼다
코뿔소 뱃속에 들어간 열매는 소화되어 버리지만
씨만은 그대로 남아
코뿔소 배설물에 섞여 다시 세상으로 나온다
트레비아 나무로 생존할 수 있는 유일한 길
다 익어 숲 속 음지에 떨어진 트레비아 열매는
절대 나무가 될 수 없다
고맙게도 어떤 짐승도 관심을 갖지 않는 트레비아 열매를
유독 네팔 코뿔소만 좋아하여 몸으로
양지로 밀어낸다

선교사가 독수리에게 전한 복음

독수리, 존재조차 잊은 채 닭과 함께 살아가고 있다
선교사, 원주민에게 연유를 묻는다
원주민, 산 속 길 잃은 새끼 독수리를 데려다 키웠다
독수리, 닭인 줄 안다
선교사, 이건 창조의 질서에 위배된다
______, 독수리를 데리고 지붕 위에 올라간다
______, "너는 닭이 아니야 독수리야, 너는 하늘을 날아야 해"
______, 던진다
독수리, 그만 직선으로 떨어져 처박힌다
______, 여전히 닭으로 살아가고 있다
선교사, 독수리를 천길 벼랑으로 데리고 간다
______, "너는 닭이 아니야 독수리야, 그러니 너는 창공을 날아야 해"
______, 던진다
독수리, 직선으로 떨어지다 점점 바람을 온몸으로 느낀다
______, 본능적으로 날개를 펼치기 시작한다
______, 어느새 창공을 날아가고 있었다

샬럿 데이비스

대학교 행정직원인 샬럿 데이비스
회계사인 딘과 만나 사랑에 빠졌던 것
어느 날 아침 눈을 거의 뜰 수 없는 샬럿
피부와 눈꺼풀이 뒤집어지고
눈은 골프공처럼 부풀었다

아, 사랑 알레르기

딘에게 가장 좋은 모습만 보여주고 싶은
샬럿,
그건 그를 사랑하지 않는 것

어떤 생

오지항아리에 작은 물고기 대여섯 마리
사오 리터 정도 되는 물 속에서 물칸나와
작은 고동 몇 마리와 어울려 살아간다
간혹 과자 부스러기라도 몇 낱 흩어주면
제법 물살을 일으키며 사이좋게 나눠 먹는다
며칠치 식수에 불과한 물을 우주로 삼고
불평 없이 목숨을 이어가는 손톱만 한 생
문득 문득 눈부시다

제2부

그리운 외뿔

구형 프린스를 생각하다

고등학교 교사 노릇을 그만두고
시간강사 시절부터 쭉 타고 다닌 구형 프린스

거제로 진주로 마산으로 창원으로 저 태백까지
끊임없이 달리고 달려 40만 킬로에 육박하다

카센터 주인이 말한다
이제 웬만하면 바꾸시죠

말귀도 알아들을 만한 구형 프린스
섭섭하지나 않았을까

오늘 아침에는 몸을 어루만져주며
깔판도 털고 종이 부스러기도 치우다

제물祭物

나는 생각한다 침대는 제단이고 나는 제물이라고

하루 온갖 오물로 탁한 의식 밤새 말갛게 가라앉아 맑디맑은 신새벽에 나는 가장 정결한 영혼 하늘에 바쳐져도 좋을

어느 가을에

내 몸 시인으로 충만하던
어느 가을 산책로

깊고 푸르러서
드높고 드넓어서

도무지 머리로 담을 수 없는
가을 하늘을

지으신 이,
나를 풀잎이나 나뭇잎 아닌

사람으로 빚으셔서
많이 아프다

오십 하나

생나무일 때보다 낡아갈수록
기품이 나는 다탁을 마주하며

다탁 빛깔
보이차를
'삼소방' 에서 강동주와 마시다

굴렁쇠

신의 운동장을 구르고 있다
한순간도 멈출 수 없다

그리운 외뿔

"무소의 뿔처럼 혼자서 가라"
불교 최초 경전 숫타니파타에 나오는 구절이다
무소는 다름 아닌 인도코뿔소다
아프리카코뿔소는 뿔이 두 개지만
인도코뿔소는 정신의 뿔을 베어버리고
육체의 뿔 달랑 하나다
무리 짓지 않고
혼자서 길 가는 외뿔이다

아, 나는 너무 관념주의자다

교회당 옆

새벽이다
하늘은 사자, 아니 공룡,
뭐라 말을 하시는데
나는 사소한 생각에 가득 차
알아듣지 못한다
저녁 무렵
무화과를 따먹고
우물물을 길어 잎이며 줄기, 뿌리에
주었더니
지금 무색하게 비가 온다
이 년 전에 심은 무화과나무
기특하게
주렁주렁
지난주에 잠시 들러 듬뿍 따먹었는데
그새 또 붉은 빛을 드러내는,
먼 나라의
열매 맺지 못한 무화과나무와 사뭇 다른
시골집의 요녀석은
하늘 은총을 듬뿍 받고 섰다

알람 이전

어머님 지구별을 떠나시고
시골집은 텅 비었다
새벽녘 새소리가
신주꾸 인파처럼 귀에 쏟아져
어느새 눈을 떴다
한참 상념에 잠기다
휴대폰은 여섯 시
(일곱 시 휴대폰 알람)
아직 신화의 시간
수돗물은 끊어졌고
어제 저녁 우물물로 몸을 씻고
들짐승처럼 방문을 활짝 열어놓고
곤한 잠을 잤다

원고마감

벌써 중천,
축 늘어져
영락없이 게으른
덩치 큰 짐승,
부스스
안경을 쓴다

거울 속의 나

1

바깥출입 한번 못 하고
너에게 갇힌 나

오늘도
실루엣 같은 사념에 잠겨 있는 나

2

아침에 보는 나와
한낮에 보는 나와
저녁에 보는 '나' 가 사뭇 다르다

빛의 각도에 따라
다르고
빛의 양에 따라 다르다

시안詩眼

컴퓨터 자판 글씨도
보이지 않고
신문 읽는 것도 그렇다
먼 데 것만
뚜렷하다

그래
무슨 뜻인지 알겠다

UFO

그 손의 못자국을 만지며
창으로 찔린 옆구리를 만져보려고

만지며
느끼며

확신하는 거,
그 또한 유령 같은

그래
어쩌란 말이냐

뇌리 속을 스치는
희뿌옇게 스치는 의문부호들

막막한 우주
어쩌란 말이냐

지구로 침공하는
건잡을 수 없는 UFO

본문을 읽는 저녁

매일매일 쏟아지는 문예지
생의 겉표지만 읽는 저녁이었다

현대시 2011년 1월호 표지인물 시인 함민복
오늘은 무슨 마음이 본문을 읽는다

함민복의 시는 선동적이다 세간에 알려진
함민복의 시에 대한 평들은 모두 덜 된 것들이다

함성호의 커버스토리
사뭇 각을 세우기 시작한다

그래 표지를 넘기고 보면
생은 언제나 두근두근 벌렁벌렁

함민복의 여유 있고 편안한
웃음조차 인습인지 모른다

모처럼 본문을 읽는 저녁은
심장을 읽는 저녁이었다

심장은 늘 두근두근 벌렁벌렁

무제

발간 반점
동공처럼 눈을 뜨고 있다

일상 무슨 상처이든
차츰 소멸되거든

그냥 그대로
이유 없이 충혈된

무엇이 더 보고 싶어
빛나는, 도무지 이해할 수 없는 사상

별처럼 궁금한 게 많은
몸,

가끔 스스로 상처를 내어
상념에 오래 잠기기도 한다

제3부
세속의 거리에서

푸른 신호등

출근길의 라디오가
기차가 서지 않는 간이역에 키 작은 소나무 하나……
라고 행복한 아침을 여는

도심 건널목에서
리어카에 빈 병 수북이 싣고 푸른 신호등을 기다리는
중절모 할아버지의 갈색 눈동자

조물

연구실에는 강동주 선생에게 얻어온 물풀이 오지항아리에서 자라고 있다 마산 어시장에서 산 오지항아리에 물을 붓고 물풀을 키우기 시작한 지 벌써 달포가 지나가고 있다

물 표면이 일렁이는 듯하다 작은 고동이다 비닐봉지에 담아 온 물풀에 붙어서 왔나 자세히 보니 눈에 띄는 녀석들만 해도 열 마리 정도다 돋보기를 들고 관찰하니 죽은 물풀도 먹는다 고인 물이지만 깨끗한 것이 물풀의 정화작용과 함께 요녀석들의 청소부 노릇도 한몫한 때문이다

신기하기도 대견스럽기도 하여 틈틈이 물을 보충하며 햇빛이 드는 곳으로 오지항아리를 두 손으로 들어 옮겨 놓는다

나는 우주를 들었다 놓았다 한다

상처에 관한 기억

심야의 일이다

깨진 유리창에 새끼손가락이 그어져 일부 살점이 떨어져 나가고 일부는 덜렁거릴 정도로 붙어 있다 순간 피가 흥건하다 연고를 바르고 종이로 감싸며 응급조치를 해보지만 아무래도 응급실로 가야 할 것 같아, 겨우 운전대를 잡고 가까운 응급실로 가다 간호사가 상처를 물로 씻고 약을 바르고 붕대를 감아준다 엉덩이 주사도 맞다 두세 번 더 병원에 들르다

그러나 정작 상처를 치유하는 것은 따로 있다 몸이 상처를 치유한다 병원에서 덜렁거리는 살점을 눌러 붙이고 붕대를 감았지만 시간이 조금 지나자 몸은 쓸모없는 살점을 밀어내기 시작한다 버려지고 있는 살점은 잠시 상처를 덮는 붕대처럼 쓰이다가는 그만 몸에서 밀려나 더 이상 존재가치를 상실하다

몸은 새살을 밀어올린다 움푹 팬 곳이 어느새 제자리를 잡아 간다 몸은 아무 일도 없었다는 듯 천연덕스럽다

미로

창원 토월공원의 밤 미로를 산책하다 가시인지 손톱 밑을 파고들었다 휴대폰 불빛에 기대어 빼낸다고는 해보았지만 개운치 않았다 아침에 손톱을 살펴보았다 손톱에도 5mm 정도 까만 미로가 생겼다 미로는 불안하다 짐승 소리 우우 들리고 도깨비불 일렁거리던 유년의 밤처럼

손톱이 자라고 있다 매일 0.1mm 가량 그래서 미로도 불안하다

참새

창원집 대추나무 아래
참새 몇 마리

애견 고야가 지난 밤 남겨놓은 사료 먹으러
아침마다 방문하는 진객

부스러기 몇 알갱이 먹는다고
가장 아름다운 아침 자명종을 울리는

브리짓 바르도

아침의 동네 목욕탕은 적막하다
뜨거운 물을 끼얹으며 아랫도리를 씻는다
긴 세월을 용케 버텨왔다
쌩쌩거리는 대로를 건너
도심으로 밤에는 다시
산중으로
아마 한국전쟁도 거쳐 왔음직하다
눈빛이 교활하다
배에 길게 그어진 주름
옆구리살도 죽죽 늘어지다

발끝을 조심스럽게 열탕에 담가보는
늙은 원숭이 한 마리

가을 홍등가

엊그제
하얀 꽃잎
봄날은 가고

오늘은 불콰한 이파리
수작을 건다
창원대로 벚나무길

차량들 또 곁눈질한다고
나무랄 일 아니다

워낭소리

워낭소리 할아버지처럼
소달구지 타고
나무도 하고 풀도 베고
그렇게

아니 워낭소리 그 소처럼
슬픈 눈망울 그렁그렁
소달구지 끌며
그렇게

한 달포만이라도,
그러다 재미 붙이면
그냥 그렇게

모과 이후

연구실 바닥 빨간 꽃잎 몇 점
저렇게
떨어져도 아름답다
쓸지 않고 오래 두고
보고 싶다

우주

머리카락만 빠지는 게 아니다
손톱 발톱도 사 개월이면 모두 교체되고
피부는 오 주마다 새로운 세포로 바뀌고
위장은 삼 일마다 새로운 내피를 얻고
뼈세포 뇌세포도 매일매일 새롭게 자라고
췌장세포는 이십사 시간마다 새로운 세포로 바뀌고
이 년이면 전신이 거의 다 바뀐다

한 생각이 죽고 또 한 생각이 태어난다
천억 개 정도의 별이 사는
은하가 천억 개 정도
지금도 별은 태어나고 성장하고
죽는다

나무

나무 아래 누워
이파리들을 본다

푸르고 무성하게만 보이던 잎들
하나하나 온전한 게 없다

작은 구멍이며
바래지고 오그라든 면면

무심히 보면 온전한 것 같아도
상처투성이 몸

그래도
잠잠하다

쇠가야

산이 움직이고 있었다 “산이 걸어간다” 소리치자 그만 서고 말았다 ‘걸어산’, 바로 거류산이다 고성 사람들 거류산 얘길 예사로 듣고 자랐다 김열규 교수도 김형오 의장도, 나도 들었다 고성 사람들 간이 크다 공룡 브랜드를 선점해버렸다 고성 하면 공룡, 공룡 하면 고성, 2009 경남 고성 공룡 세계 엑스포. 고성 사람들 오늘도 고성 판타지를 쓴다 강력한 해상왕국을 꿈꿨던 철의 가야, 쇠가야의 사람들

나는 습관적으로 약력 맨 앞줄에 1957년 경남 고성固城 출생이라고 쓴다 그럴 때마다 말로 표현할 수 없는 뭔지 모를 단단한 힘을 느낀다 그러고 보면 나도 영락없는 쇠가야의 사람

함양 소담식당에서

노인 한 분
전경으로 하고

막걸리 한 병 식은 선지국물
후경으로 하고

그 심경心境
찍다

읍내 나와
모처럼 누리는

성찬 앞에 두고
휑한 눈동자

일상이 점점
옅어지는 풍경

세속의 거리에서

1
아침 도심
도로변 벤치

할머니 두 분 친자매처럼
나란히 앉아 있다

두 분 다
한 손에 깁스를 하고

잠시 병원에서 바람 쐬러 나온 것일까
근심 없는 풍경

할머니 한 분은
손목이 절단된 것 같다

2
주름진 얼굴 잠잠한 눈빛으로

말을 건다

내게 없는 평안을
말하고 계신다

퇴근하고
엄마 하고 부르면

아들을 바라보던 눈빛 같은
저 경이로움을

세속의 거리에서
나는 어리둥절해하고 있다

제4부
마지막 통화

가분다리

애견 왕돌이의 몸
어디 숨어 있다가

피로 몸 불려
머리 가슴 배가 한 덩어리로
온몸이 코팅된 듯 빤질빤질하다

단풍

차창 윈도 브러시
따스한 햇살
나비 한 마리 날아 앉는다
환생이다

팜파탈

연구실 좁은 공간,
모과 다섯이 뿜어내는

그 말을 먼저 알아듣는 나.

고야

고야 녀석 성질,
어릴 때부터 유달랐다
삼사 개월 때부터 몸에 손도 못 대게 했다
나 외에는.
녀석 벌써 팔 년이 지나고 보니,
집수리한다고 일꾼들이 와서
쿵쿵거리며 소란을 떨어도
제 집에서 능글맞게 누워
짖기는커녕 긴장조차 하지 않는다
왜, 그런지 알기라도 하는 듯이
그냥 주인이 인정하니까,
그런가 보다, 하는 저 달관……

아직도
이상한 바람 한줄기에도
몸을 뒤척이는
시력詩歷 이십 년,

나는 녀석이 간간이 부럽다

별

어머니
아직 주무시지 못하신다

아직 세상살이 서툰
아들 빤히 지켜보신다

‘동그라미 베이커리’ 광고

문산사거리 철길 옆에는
동그라미 베이커리가 있다
매주 진주 화요문학회 모임 마치고
고성 시골집으로 가는 길목이라
동그라미 베이커리 들러
내가 좋아하는 술빵 사먹은 적 있다
그 집 빵 너무 맛있더라
아니, 그보다
주인아저씨 미소 머금은 얼굴!
나보다 조금 젊은 것 같은데
어쩜 동그라미 미소를 지녔을까
진주 화요문학회 모임 마치면
나도 모르게 동그란 미소를 떠올린다
어제 토요일 지리산 환경 생태 체험 교실에 다녀오는 길에
들렀더니 미리 알아보고
사람 좋은 미소 머금고 술빵을 챙기신다
나 사는 즐거움 하나 늘었다

진주 화요문학회 모임 마치고 문산사거리 동그라미 베이커리
들를 생각하고
벌써 화요일을 기다린다
혹 문산사거리 지나는 길 있으시거든
동그라미 베이커리에 들르시라
속절없는 기적소리라도 아득해지거든 더욱 그러시라

진도아리랑 투로

진도 지산면 소포리 마을에는
홍타령, 육자배기, 강강술래, 남도들노래, 진도 상여소리가
펄펄 살아 있어
아리아리랑 스리스리랑 아라리가 났네

논일, 밭일 마치고 저녁상 물리고
한판 벌이는 한마당 중심에는 이장 김병철 씨가
떡 허니 버티고 있어
아리아리랑 스리스리랑 아라리가 났네

초등학교 때부터 광주로 유학 가서 국문학을 전공하고는
대처에 취직도 하지 않고
고향으로 돌아와서는
이장 하는 재미에 신명 나 있어
아리아리랑 스리스리랑 아라리가 났네

우리 시대 누구가 대처를 버리고 시골로 시집 와 살라고 하겠는가마는
국문학도 김병철 씨는 기가 막힌 시 두 수를 읊조려주고는
처녀 마음 단번에 빼앗아 시골 신접살림 차렸어야
아리아리랑 스리스리랑 아라리가 났네

허구헌날 관광 온 사람들과 격의 없이 어울려
질펀하게 벌이는 소포리 자랑에 날밤 새는 줄 몰라
아내는 독수공방이여
아리아리랑 스리스리랑 아라리가 났네

그래도 김병철 씨 넉살과 해학에 우리네 시름은
저 진도바다에다 다 쏟아버렸당께
아리아리랑 스리스리랑 아라리가 났네

소포리에는 이장 김병철 씨가 있어
소포리 마을 사람들 다 소리꾼이여

아리아리랑 스리스리랑 아라리가 났네

소포리 마을이 통째로 문화마을이 되었버렸어
아리아리랑 스리스리랑 아라리가 났네

호두

내 뇌 속에는
아마
슬픈 지도
문신처럼 그어져
있을지 몰라
어머니의 내력
슬픈 몸으로
아들을 낳으신……

시

어젯밤 황홀터니
미명
실루엣 하나 남겨놓지 않고
무정한 사람 같으니라고

일상사

어느 시인의 부음을 듣고
어느 시인의 부음을 듣고
어느 평론가의 부음을 듣고
어느 시인의 부음을 듣고
어느 독자의 부음을 듣고

별이 뜨고
꽃이 피고

오빠였던 나

극히 평범한 예술관을 지녔던,
비범한 화가
박수근은 향년 51세,

벌써 54세의
평범한 시인은

비범했지만 평범했던
향년 51세 이영옥의
오빠였다

누이

—심영무에게 주는 시

인하대학병원 호스피스 병동
누이는 아들이 밀어주는 휠체어에서
생의 마지막 터널을 지나고
있었다

눈을 감고 명상에 잠긴 듯
아니 더 이상 볼 세상이 없는 듯.

어렵게 눈을 뜨고는
"오빠—"

2009년 12월 7일(월) 저녁 7시를 조금 넘겨서 하나밖에 없는 여동생이 하늘의 부름을 받았다. 부모님도 이미 세상을 떠나시고, 오직 오누이로 남아 있었는데 여동생마저 여의었으니, 이제 혈혈단신이다.

동생의 이름은 이영옥. 고성 마암 장산리에서 1959년 태어나, 마암국민학교, 회화중학교, 마산여고, 덕성여대를 졸업했다. 동생은 당시 시골 중학교 여학생 중에서는

수석을 할 만큼 총명하고 예뻤다. 당시 명문 마산여고에, 동기 중에서 혼자만 합격하는 영예를 누리기도 했다.

여동생은 결혼을 하고 한 아이의 엄마가 됐다. 그런데, 그 아이가 그만 어린 나이에 가족과 함께 당한 교통사고로 뇌를 크게 다쳐 한동안 식물인간처럼 병원에 누워 지내기도 했다. 이름은 심영무. 영무가 이제 25살. 별다른 후유증 없이 잘 자랐다. 동생은 언제나 노심초사하며 아들 돌보기에 전념했다. 총명한 동생이지만, 평생 다른 일을 가지지 못하고 아내로 어머니로서만 51년을 살았던 것이다.

동생은 45세 때 유방암 진단을 받았다. 그때부터 동생과 거의 매일 통화했다. 마지막 세상을 떠나기 하루 전에도 병원에서 동생을 만났다. 동생은 서울 성모병원에서 치료를 받다가, 떠나기 며칠 전에 인하대 호스피스 병동으로 옮겼다. 인하대의 일인 병실에서 바라보는 인천 앞바다는 너무나 아름다웠다.

동생은, 마지막 순간까지 맑은 피부, 군살이라곤 하나 없이 조각처럼 반듯한, 그래서 젊은 시절의 아름다운 모습을 연상케 했다. 죽음을 극복하고 영원한 생명의 또 다른 길을 갈 준비를 모두 갖춘…… 동생은 하루 전까지 의식이 명료했고, 당일날에도 말을 알아들을 정도로 의식이 있었다.

지금 누군가 부르는 소리……
고개를 돌려보니

영옥이가 연구실 벽에서 환한 얼굴로
"오빠—"

오누이

—심영무에게 주는 시 2

비가 촐촐히 내리는 입춘이 지난 봄날
출근하는 아침

지난해 세상을 훌훌 떠난
누이 생각

이럴 때 전화라도 한 통 하고 싶다

폰 전화부에 아직도 지우지 못한 이름
"이" "영" "옥" 010)4238-8159

"어떻게 지내"
"잘 지내, 오빠는"

암 투병 6년 동안 한결같이 밝았던 음성

오늘같이 쓸쓸한 날은
휴대폰만 만지작거린다

"영무야, 엄마가 마지막으로 뭐라고 하시던"
"엄마 없어도 씩씩하게 잘 살아야 한다고요"

"그랬었지"

마지막 통화

휴대폰으로 영무가 말한다
엄마가 외삼촌하고 통화하시겠대요

"오빠,"
"그래 어때"
"전화하기도 힘드네"
"그래 내 곧 보러 갈게"
"그래"

현대의학으로는 더 이상 치료할 수 없다는 통고를 받은 동생에게 오빠로서 뭔가 마음을 전해주고 싶은 그게 뭘까 영무 구좌로 기백만 원을 송금하고 말했다 엄마에게 현대의학 말고 마지막으로 다른 방법, 무슨 민간비방이라도 시도해보라고. 남편이 총경이고 암보험도 넣고 해서 물질적 이유로 치료를 못 받고 할 처지가 아닌 걸 알지만 뭔가 동생에게 오빠의 마음 전해야겠는데, 그게 달랑 기백만 원밖에 없다니. 그 마음을 아는 동생이 전화를 한 것이다 지금 그 떨리는 음성이 가슴에서 쿵쿵거린다

마지막 전화기를 든 그 영상이 자꾸 어른거린다

| 해설 |

무위와 성찰의 언어

홍 용 희 | 문학평론가

이상옥은 디카시의 창시자이며 전도사이다. 디카시란 무엇인가? 디지털 카메라 사진과 시가 서로 융합한 혼융 장르이다. 시란 말하는 회화이고 회화는 말하지 않는 시라고 했던가. 디카시는 말하는 회화와 말하지 않는 시가 서로 만나 부르는 이중창이다. 일종의 현대판 문인화인 것이다. 이번 시집은 "사물 속에 언뜻 드러나는 시적 형상"을 카메라로 포착하는 디카-시의 작업으로부터 "사람이나 사물, 혹은 에피소드 속에 언뜻 드러나는 시적 형상을 문자로 고스란히 옮기는"(「시인의 말」) 작업에 치중하고 있다. 전자가 외양의 열린 찰나에 초점을 두고 있다면 후자는 내면의 닫힌 풍경에 초점을 두고 있다.

이상옥의 이번 시집은 그의 내면 풍경을 반사시킨 언어의 사진첩인 것이다. 따라서 이번 시집에서 우리는 그의 시적 삶의 근원과 생리를 좀더 분명하게 감지할 수 있는 계기를 얻게 된다. 그가 추구하는 시적 삶은 느리고 부

드럽고 포용적인 현자의 예지에 대한 터득이 중심을 이룬다. 시상의 주조가 고전의 지혜와 간디, 데레사, 펄 벅 등의 위인들의 행적에서 발견되는 현묘한 잠언으로 이루어져 있다. 그는 직선적인 무한 경쟁과 투쟁의 현실 속에서 곡선의 겸허와 포용을 강조하고 있는 것이다.

"두 길을 동시에 따른다." 장자의 시편에 나오는 구절이다. 장자는 '현명한 자는 어느 한쪽에 치우치지 않고 도道의 관점에서 양면을 동시에 바라보고 추구하는 자'라고 설파한다. 여기에서 양면이란 음과 양의 형질을 뜻하는 바, 각각 타자와 주체, 비움과 채움, 수동과 능동, 체념과 욕망, 소멸과 생성 등을 표상한다. 이러한 음과 양의 형질은 본래 서로 다른 둘이 아니라 하나이다. 이를테면, 주체와 타자는 공존의 관계이고, 있음, 채움, 생성은 없음, 비움, 소멸을 전제로 존재한다. 그래서 태극은 항상 음양의 상호 의존적인 원환의 양상을 띤다.

그러나 무한 경쟁을 조장하는 자본주의 사회의 일상성은 음의 성향을 억압하고 양의 성향만의 질주를 부추긴다. 그래서 현대사회의 일상성은 제각기의 파시즘적인 우월, 의지, 권력 차별, 배타, 소유 등의 각축장으로 변질되고 말았다. 그렇다고 해서, 수동, 비움, 체념 등의 하강적인 죽음 충동으로 치우치는 음의 편향 역시 경계해야 할 것이다.

에로스적 욕망(생의 의지)과 타나토스적 충동(절제와

죽음)이 상호 의존적으로 조화를 이룬 균형이 요구된다. 그렇다면 이들 양자의 균형점을 견지할 수 있는 방법은 무엇일까? 그것은 음과 양의 근원에 해당하는 무위[道]를 내면화하는 것이다. 도道는 없음이고 텅 빈 공간이다. 그러나 이때 없음과 공空은 있음의 반대가 아니라 있음의 모태이다. 공(혹은 무)은 음과 양의 탄생지이며 동시에 음과 양이 되돌아갈 귀착지이다. 또한 무위(도)는 음과 양을 서로 어우러지도록 연결시키는 바탕이고 동력이다. 무위가 없으면 음과 양의 기운은 제각기 편벽되어 파탄으로 치닫게 된다. 무위에 의한 음양의 소통과 연결이 원활할 때 삼라만상의 생성과 존재의 질서가 온전히 전개된다.

이러한 점은 다소 엉뚱하게도 프랑스의 정신분석학자 자크 라캉(1901-1981)에 의해 더욱 선명하게 규명된다. 자크 라캉은 노년에 접어든 1969년부터 1973년에 이르는 4년 동안 프랑수아 챙과 함께 노자를 비롯한 중국철학에 심취한다. 그리고 자신의 그 유명한 상상계, 상징계, 실재계의 세 지형을 도의 원리에 적용하여 보르메오 가문의 문장을 본뜬 매듭 이론으로 풀어낸다. 그에 따르면 상상계는 음, 상징계는 양, 실재계는 무위이다. 인간이 상상계에 갇히면 정신병자가 되고 상징계에 갇히면 도착증에 빠진다. 그래서 무위의 실재계가 필요하다. 무위는 음양을 연결하는 고리이다. 무위로 인해 주체와 타자가 연결

되고 상승과 하강, 만용과 절제의 균형이 가능해진다. 라캉의 이론 체계에서 무위의 실재계가 없으면 보르메오 가문의 문장 매듭은 성립되지 않는다. 상상계와 상징계가 제각기 흩어져서 파탄으로 치닫는다.

나무에 오르기를 자랑하는 자는 나무에서 떨어져 죽고, 헤엄 실력을 자랑하는 자는 물에 빠져 죽는다는 말이 있다. 일방적으로 밀고 나가는 우월성만이 능사가 아니다. 멈추어야 할 곳, 쉬어야 할 곳, 그리고 다시 시작해야 할 곳을 아는 것이 삶의 지혜이다. "두 길을 동시에 따"르는 지혜가 없으면 자신의 특장이 오히려 자신의 함정이 되기 쉽다.

이상옥의 시 세계는 바로 이와 같은 무위의 실재계의 일깨움에 집중하고 있다. 그는 지나친 양적 상승이나 음적 하강을 경계하면서 음양의 형질의 근원을 향한 시적 탐색을 모색한다.

아침에 보는 나와
한낮에 보는 나와
저녁에 보는 '나'가 사뭇 다르다

빛의 각도에 따라
다르고
빛의 양에 따라 다르다

— 「거울 속의 나」 일부

"나"는 누구인가? 나는 "나"를 알지 못한다. 나는 고정된 실체가 아니라 수시로 변화하는 주체이며 객체이다. 마치 수면의 풍경처럼 "빛의 각도"와 "양"에 따라 하루에도 수시로 변화한다. 그래서 나에게는 끊임없는 자기 성찰이 요구된다. 그리하여, 아침이나 한낮이나 저녁이나 혹은 "빛의 각도"나 "양"에 따라 동요되지 않는 본래의 나를 찾고 지키는 것이 요구된다. 그렇다면 본래의 "나"란 무엇인가? 이러한 질문 앞에 다음과 같은 시편이 등장한다.

당신은 어떻게 피에타 상이나 다비드 상 같은 훌륭한 조각상을 만들 수 있었습니까 당신은 정말 위대한 예술가예요
아니에요 신이 꼭 필요한 사람에게 보내는 선물을 배달하는 심마니와 다를 바 없어요 숨어 있는 산삼을 찾아서 잔뿌리 하나도 다치지 않게 정성껏 파내듯이, 대리석 속에 숨어 있는 조각상을 정이나 쇠망치로 손상 없이 꺼내주었을 뿐이에요

— 「미켈란젤로」 일부

르네상스의 봄을 불러온 미켈란젤로의 위대한 조각의

비밀을 노래하고 있다. 미켈란젤로는 대리석에 조각을 한 것이 아니라 대리석의 조각상을 깨워내었던 것이다. 마치 불가에서 '석공이 돌을 쪼아 부처를 만들었다' 가 아니라 '석공이 돌의 불성을 깨웠다' 고 말하는 것과 같은 이치이다. 모든 사물에는 신의 뜻이 숨쉬고 있다는 인식이다. 이를 다르게 표현하면, 모든 사물의 본성은 곧 신이라는 것이다. 따라서 사물의 본성을 깨우고 이를 실현하는 것이 곧 절정의 예술행위이다.

이상옥의 시 세계가 삶의 근원 혹은 본성을 일깨우는 작품에 집중하는 까닭이 여기에 있다. 그것이 곧 삶의 신성성을 회복하는 것이며 자연의 순리에 따르는 것이다. 그래서 다음과 같은 잠언적 깨달음의 시편이 연달아 씌어진다.

① 막 출발하려는 기차에 간디가 올라타다가 그만 신발 한 짝이 벗겨져 플랫폼 바닥에 떨어져버렸다 기차가 움직이고 있었기 때문에 간디는 그 신발을 주울 수가 없었다 간디는 얼른 나머지 신발 한 짝을 벗어 그 옆에 떨어뜨려 놓았다 사람들이 의아해하자 간디는 미소를 지으며 말했다

"어떤 가난한 사람이 바닥에 떨어진 신발 한 짝을 주웠다고 상상해 보십시오"

— 「간디」 전문

② 손수 운전하며 장애우와 함께 예수의 작은 마을로 향하는 수녀님에게 잠시 길을 양보하다
눈인사를 하신다

금방 눈빛 한 구절로 세상의 아침이 환하다

— 「나팔꽃」 일부

③ 볏단 실은 소달구지 고삐를 잡고
농부도 볏단을 지고 가는 60년대 풍경

"미국 같으면 저렇게 하지 않을 거야 지게의 짐도 달구지에 싣고 농부도 올라탔을 거야."

— 「펄 벅」 일부

④ 며칠치 식수에 불과한 물을 우주로 삼고
불평 없이 목숨을 이어가는 손톱만 한 생
문득 문득 눈부시다

— 「어떤 생」 일부

시집의 어디를 펼쳐도 이처럼 깊고 그윽한 삶의 지혜가 묻어 나온다. 시 ①에서 간디는 소유의 집착에 빠지기

쉬운 순간에 자발적인 가난의 선택이 얼마나 아름답고 풍요로운가를 보여준다. 간디의 생활 속에 배어 있는 비움과 봉사의 철학이다.

시 ②는 사람에게서 꽃의 눈부심을 읽고 있다. "장애우"를 돌보는 "수녀"의 "눈빛"으로 인해 "세상의 아침이 환"해지고 있음을 노래하고 있다.

시 ③은 『대지』의 작가 펄 벅의 전언에서 배우는 사람은 물론 동물까지도 끌어안는 이타적 사랑의 진경이다. 서구사회에 습속화된 인간 중심의 근대 기계주의적 세계관에 대한 비판의식이 제기되고 있다. 이타적 사랑과 존중은 인간과 인간 관계에서 뿐만이 아니라 인간과 자연, 인간과 동물, 더 나아가 인간과 물건에 이르기까지 두루 해당된다. 그의 "말귀도 알아들을 만한 구형 프린스/섭섭하지나 않았을까"라고 전전긍긍하며 "오늘 아침에는 몸을 어루만져주며/깔판도 털고 종이 부스러기도 치"(「구형 프린스를 생각하다」)우는 모습은 경물敬物의 태도를 드러낸다. 이것은 마치 농부들이 농기구를 다루고 보관할 때에도 늘 함부로 하지 않았던 물오동포物悟同胞의 민중적 전통의 세계관을 환기시킨다.

시 ④는 자신에게 주어진 모든 상황에 감사하는 긍정적 세계관의 소중함을 노래하고 있다. "며칠치 식수"에도 감사하는 "손톱만 한 생"이 세상을 환히 밝히는 빛이라는 인식이다.

이와 같이 이상옥의 시적 주조음은 파시즘적인 직선의 공격적 속도가 지배하는 현대사회 속에서 곡선의 낮고 느린 포용의 언어를 추구한다. 그의 시편이 이처럼 삶의 근원에 대한 성찰의 언어에 천착할 수 있는 배경에는 아마도 "오누이"의 안타까운 죽음에 대한 경험이 가로놓여 있는 것으로 보인다. "지난해 세상을 훌훌 떠"났지만 그러나 "폰 전화부에 아직도 지우지 못한"(「오누이」) 오누이에 대한 애절한 그리움이 그의 시적 삶을 잠시도 들뜨지 않게 진중한 사유의 언어로 가라앉히고 있는 것으로 보인다. 그는 스스로 깊은 그늘을 안고 살게 되면서 세상의 존재성을 더욱 입체적으로 직시하게 되었을 것이다. 이를테면, 그는 "나무 아래 누워/이파리들을" 보면서도 "무심히 보면 온전한 것 같아도/상처투성이 몸"(「나무」)을 지녔음을 헤아린다. 이러한 외적 직관이 자신의 내면을 향하면 "신문 읽는 것도 그렇다/먼 데 것만/ 뚜렷하다 //그래/무슨 뜻인지 알겠다"(「시안詩眼」)는 견성의 언어로 이어진다.

여기에 이르면, 우리는 이상옥의 시 세계가 음과 양의 성향을 연결하는 삶의 근원의 세계를 일깨우고 있음을 좀더 분명하게 확인할 수 있다. 그가 노래하는 잠언이 우리 자신의 본성을 환기시키는 거울로 다가오는 까닭이 여기에 있다. 앞으로 그의 시 세계가 좀더 참신하고 명징한 서정으로 밀도 높게 승화되면서 "세속의 거리"(「세속의 거리에서」)를 충격하는 성찰의 거울로 작용하기를 기대한다.

이상옥李相玉 시인
1957년 경남 고성 출생. 1989년《시문학》으로 등단.
2004년부터 '디카시詩' 주창. 무크《디카시詩 마니아》및
반년간《디카시詩》창간. 시문학상, 유심작품상 수상.
현재 반년간《디카시詩》주간, 창신대학 문예창작과 교수.
시집『하얀 감꽃이 피던 날』『꿈꾸는 애벌레만 나비의 눈을 달았다』
『유리그릇』『환승역에서』, 디카시집『고성 가도固城街道』출간.
시론집, 시해설집 등 다수의 저서가 있음.

그리운 외뿔
이상옥 시집

초판 1쇄 발행일 2011년 8월 25일

지은이 · 이상옥
펴낸이 · 김종해
펴낸곳 · 문학세계사
주소 · 서울시 마포구 신수동 345-5(121-110)
대표전화 · 702-1800 팩시밀리 · 702-0084
이메일 · mail@msp21.co.kr
홈페이지 · www.msp21.co.kr(문학세계사)
www.seein.co.kr(계간 시인세계)
트위터 · @munse_books
출판등록 · 제21-108호(1979.5.16)

값 7,000원
ISBN 978-89-7075- 515-1 03810